Aoki method *of gardening*

あおき式園芸手法

監修　青木英郎

CONTENTS

003 あおき式園芸手法とは？

004 ロングスティック方式 基本1
006 ロングスティック方式 基本2
008 ロングスティック方式 ウォールバスケット
010 巾着方式 基本
012 巾着方式 リース
014 観葉植物のルーティブーケ
016 サキュレントのアイアン植え
018 コンビネーションプランツ
020 築山御苔＆苔饅頭

022 荒木 聡
026 石島敦子
030 梅本英孝
034 大野桂子
038 甲斐田了子
042 加藤歌織
046 岸川直美＆岸川愛凜
050 熊谷恵津子
054 蔵元 薫
058 小出玲子＆小出雷太
062 小太刀昌子
066 小林克枝
070 佐々木冴加
074 佐々木由美子
078 佐藤由佳

082 杉山直美
086 関野阿津子
090 田中かおる
094 田村純子
098 田村優子
102 豊田恭子
106 野瀬真希子
110 長谷川惠利子
114 花岡美和
118 廣中可奈子
122 Flower Studio Wreath.K Kuwahara
126 みずのともこ
130 南田あい菜
134 みやざきりょう
138 Mono ダチ

142 協力・協力社

あおき式園芸手法とは？

新たなプランツアートの特長

根付きの植物を花束のように組み合わせて器に植え込んで楽しむ。あおき式園芸手法は、そんな新たなプランツアートの技法です。花苗は、寄せ植えや花壇で使うことが一般的ですが、あおき式園芸手法では、多種類の植物を隙間なく植え込むので、完成した瞬間から見栄えがよく華やか。花の理想的な美しさを体現した作品に仕上がります。完成時はまるで切花で作った花束やアレンジメントのようですが、根が付いているので、水やりをすることで長く楽しむことができます。

特長1　美の集合体

あおき式園芸手法の作品は、複数の小さな花束（ユニット）をあわせて作る美の集合体です。ユニットは、数種類の花やカラーリーフを束ねたもので、花とリーフが一緒に生えているかのような、新感覚の花の美しさを味わうことができます。

特長2　土を使わず清潔

一般的な寄せ植えや花壇では、病害虫の予防策として通気性をよくするために隣り合う花苗の間を空けることを推奨しています。しかし、あおき式園芸手法では、土を取り除いて根を洗うことで病害虫が予防できるため、花苗の間を空けずに植え込むことが可能です。また、作業のたびに手を洗うので、病気の発生を防ぐとともに、手の土汚れも気になりません。土を使わない園芸手法なので、家の中やベランダなどを土で汚すことなく、植物を飾って楽しむことができます。

特長3　根を崩す

ユニットを作るために、根鉢を崩して株をほぐし、不要な根は切ります。これまで、根を切ることは植物の生長に影響が出るため、推奨されてきませんでした。しかし、あおき式園芸手法では、高品質の花苗を選んで使用するため、根に触れたり、根を切ったりしても生長を妨げることなく、美しい作品を作ることができます。

花き業界の発展に貢献

日本の花の産出額は、1998年の6,300億円をピークに、園芸ブームの陰りやリーマンショック等の影響を受けて減少し、近年は3,000～4,000億円の範囲で推移しています。さらにコロナ禍におけるウクライナ情勢に伴い、原油価格・資材価格が高騰し、花の生産者は大変厳しい状況になっています。

　国内の花の生産を維持するためには、多くの花を買ってもらえる仕組み作りが必要です。そのためには、これまで花に関心のなかった層を取り込むこと、また、すでに花を買っている人にはさらに花を必要とするきっかけを作ることがポイントになります。

あおき式園芸手法では、国内で生産された多種多様な植物を密植して使うため、一般的な寄せ植えの2～3倍の花苗を使用します。つまり、今まで寄せ植えを楽しんでいた人が、あおき式園芸手法で作品を作ろうとすると、必然的にこれまでよりも多くの花を使うことになります。今後、この手法が広く普及することで、花の生産者の経営を支える一助になり、ひいては花き産業全体の発展にもよい影響を与えることでしょう。

ロングスティック方式　基本1

ロングスティック方式 基本 2

ロングスティック方式　ウォールバスケット

WALL BASKET

巾着方式

巾着方式 リース

POUCH STYLE WREATH

WAY OF MAKING

観葉植物のルーティブーケ

ROOTY BOUQUET

サキュレントのアイアン植え

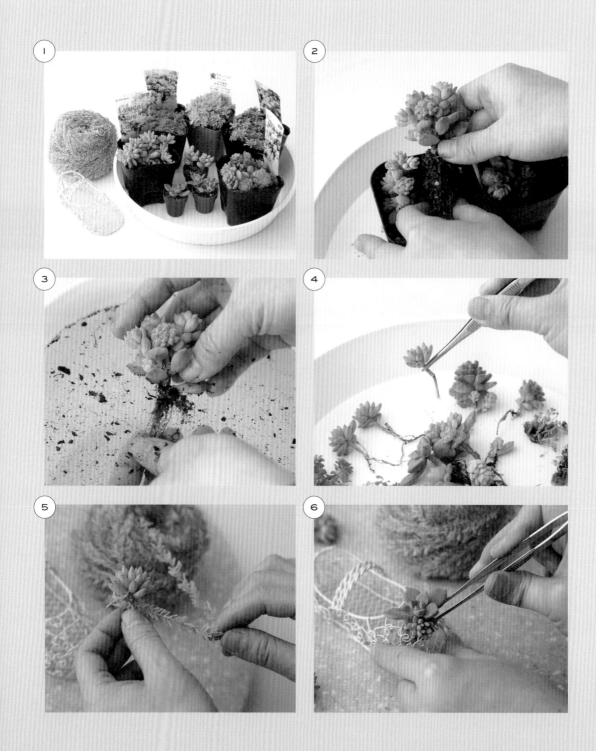

IRON PLANTING

WAY OF MAKING

コンビネーションプランツ

COMBINATION PLANS

築山御苔＆苔饅頭

TSUKIYAMA MIGOKE
& MOSS MANJU

SATOSHI ARAKI
荒木　聡

HP_ http://fs-hanatake.com　　Instagram_ @fs.hanatake

Profile_

「フララーショップ花武」代表。高校卒業後に
JFTD学園日本フラワーカレッジにて、フラワー
デザインと花店経営を学ぶ。卒業後、実家の「フ
ララーショップ花武」に入社、3代目として現在
に至る。

□ JFTD花キューピット
フラワーデザイン全国大会ジャパンカップ
2008年、2015〜2017年　ファイナリスト
□ かながわクイーンズカップ
2014年、2018年優勝、農林水産大臣賞受賞
2018年JFTD花キューピット グランドチャンピ
オン選手権出場、2022年世界らん展 フラワー
デザイン部門 最優秀賞受賞など、受賞歴多数

　切花を主体に、家業である生花店を営みながら、30年、
フラワーデザインを勉強してきました。先代から切花専
門の花店だったため、園芸については無知でした。
　ちょうど30年の節目を迎えようとした時、ひとつの個
性あるパンジーの苗に出合いました。
　その瞬間から根の付いた植物の楽しさを知り、いろい
ろと調べていくうちに、青木英郎先生が考案したあおき
式園芸手法に驚きと感動を覚え、気がついた時には、青
木先生に電話をかけていました。
　変化を楽しむことのできるフラワーデザインであり、し
かも長期間楽しめることを知り、切花に長く携わってき
た私にとって、とても斬新で衝撃的なことでした。そして、
フラワーデザインにさらなる可能性があることを感じる
瞬間でもありました。

　根の付いた植物の勉強を始めてまだ2年ですが、切花
の知識を活かしながら、根の付いた植物と融合したデザ
インにこれからどんどん挑戦して、今まで以上にお花の
楽しみ方を伝えていきたいです。また、花き業界の発展
につながるような驚きを提案できたらと思っています。
　間違いなくお花の世界はもっともっと発展していくで
しょう。
　そのために、これからもチャレンジを続けていきます。

work 01　春のガーデンルートブーケ

work 02 個性あふれる多肉植物のパーティーネクタイ

ATSUKO ISHIJIMA
石島敦子

❀

E-mail_ rice@cube2003.net

Profile_

株式会社ライス＆グリーン石島 取締役常務
「手作り工房ママの手」食品衛生責任者

花を通して、自分らしい暮らしをデザインする

　私の花好きは母の影響だと思います。子供の頃から家
族が出かけるのは、いつも季節を感じる場所でした。
「農業は環境を守る仕事」だと思い、これまでお米や蕎麦、
野菜、お米の加工品など、命を守る仕事をしてきました。
そして、今も取り組んでいます。

　これからは、花を通して、心を守る仕事をしていきたい。
目で見て、土に触れ、自分らしい作品を作り、素敵な出
会いを大切にしてこれからの人生を楽しく過ごしていき
たいと思います。まだ修行中ですが、基礎をしっかり身
につけ、自分のペースで努力して進んでいきたいです。
5年後、10年後の自分はどんな暮らしをデザインしてい
るのか、今からワクワクしています。
　人生は一度きり、いつも小さな分かれ道に出合い、迷っ
ても諦めずに夢に向かって歩んでいきたいと思います。

B.W.F

Station's

Wood Farm

work 02　春の花かご

<u>work 03</u>　雲間草のリース

HIDETAKA UMEMOTO
梅本英孝

Profile_

有限会社梅香園 代表取締役
花苗、花鉢の生産販売。イチゴの栽培及び、カ
フェ経営（観光農園「梅香のお庭」）。

Information_

有限会社梅香園
〒932-0316 富山県砺波市庄川町天正408番地
TEL　0763-82-7021
FAX　0763-82-3705

　私は、体調を崩して床に臥せっていた時、携帯電話で
偶然、あおき式園芸手法を見かけ、電撃が走ったような
感覚を覚えました。すぐに連絡し、青木先生の元へいき
ました。
　信じられないかもしれませんが、青木先生のレッスン
を受講するようになってから、体調がどんどん快復して
いきました。
　以前は、寄せ植えというものに限界を感じていましたが、
この手法に出合ってから、様々な可能性が広がっていき、
心から楽しくて仕方ありません。
　この手法をもっと多くの方に知っていただきたいと思い、
私の農園でレッスンを行なっています。
　最後に一生携わりたい園芸手法に巡り合えて、本当に
幸せです。

work 02 淡緑の輪

KEIKO ONO
大野桂子

E-mail_ contact@green-heart.info   HP_ https://www.green-heart.info

Instagram_ @green_heart.flower.shop   LINE_ @009munor

Profile_

「Green heart」寄せ植えアレンジ・デザイナー
約四半世紀、生花店に勤務するなどの経験を
活かし独立。自宅で小さな園芸店のセレクト
ショップを経営。寄せ植えアレンジに利用しや
すく、あおき式園芸手法に用いるための丈夫で
育てやすい苗や器等の資材を販売。日々、研究
を重ねながら、レッスンや講習会を実施し、あお
き式園芸手法の普及に努める。フラワーアレン
ジメントの技術とあおき式園芸手法を取り入れ
た「Green heart」の寄せ植えアレンジは、リピー
ターも多く好評を博している。

Information_

Green heart
TEL   0294-33-8799

進化し続ける寄せ植え：あおき式園芸手法

　植物やお花、ガーデニングが好きな方なら、一度は作って飾って、育てたことがある寄せ植え。庭がなくても、様々な植物を組み合わせて、小さな花壇や自分の世界観を表現し、家族や友人、ご近所さんともその世界を共有できることが寄せ植えの魅力だと思っています。

　寄せ植えをいくつも作って育てていると、ある時ふいに「この葉っぱが、ここにあったらもっと素敵なのに」「ここに、この植物を配置したいのに」と思うかもしれません。私もそうでした。

　フラワーアレンジメントの経験があったので、よりその思いは他の方よりも強かったのかもしれません。そんな思いがあっても、根の付いた植物では根鉢が大きく、植物同士を近づけることが叶いませんでした。何せ、「根鉢はなるべく崩さない」というのが、これまで伝えられてきた寄せ植えの基本だから。

　ある日、お客様から「こんな新しい寄せ植えの仕方を知っていますか？」と質問され、知らなかった私は、ネットで検索。そこで、あおき式園芸手法にたどり着き、1カ月後には入門を申し込んでいました。レッスンに通いながらも、自分の中の疑問を解決するため、幾度となく、根鉢の崩し方と限界を実験してきました。そんな実験と練習を数年続け、根鉢を崩すコツを覚えると、今まで抱いていた疑問と歯痒さがすべて解決しました。根鉢を上手に崩せば、限りなく生花のアレンジメントに近い、デザイン性の高い寄せ植えを制作できたのです！ この技法を覚えると、手の中から新しい植物が生まれたかのような、植物と植物のハーモニーが奏でられるのです。

　大好きで魅力的な植物達は一つひとつが美しく愛しいけれど、庭のない我が家では、たくさんの種類の植物は育てられません。でも、あおき式園芸手法なら、一つのコンテナに多くの植物を見事に引き立たせながら、植え込み、育てることができます。寄せ植えを10個以上作り、育てている、かつての私と同じ思いを抱いている方は、ぜひ一度でもいいので、あおき式園芸手法を正式な先生のもとで体験していただきたいです。

　作れば作るほど上達し、時に失敗し、植物の奥深さを学び、そしてまた素敵な植物の組み合わせを想像してはまた作り……果てしなく続く好奇心と楽しみ。芸術＝デザインとは、自分を表現することだと思っています。植物の合わせ方、根鉢の崩し方、美しい植物をより美しく魅せるテクニック。できあがった作品をできるだけ長く愛でる方法。これらをマスターして、一人でも多くの方に自分を表現する喜びと、いつも傍に植物がある生活を味わっていただきたいと願っています。

　私と一緒に、素敵で新しい寄せ植えデザインを研究しましょう！

work 02　よ〜〜く見てね♪

RYOKO KAIDA
甲斐田了子

Instagram_ @ryokokaida

Profile_

フローリスト
横浜3カ所、綱島カルチャー、よみうりカルチャー自由が丘で、あおき式園芸手法教室を開催。

2009年　切花フラワーアレンジメント・ドライフラワー教室主宰
2020年　ラシヌプランツをインターネットで販売。「木の実と葉っぱ」開業

まるでフラワーアレンジのような根付きの寄せ植え。
これを私はラシヌプランツと名付けました。
ラシヌはフランス語で根という意味。
根付きの植物を扱うということと、このラシヌプランツが皆様の生活に浸透し根付いていくことを願って。

　以前、私は花屋で勤務していました。毎日切り花を使って、アレンジメントや花束を創作。レアな草花、完璧なフォルムと色彩で表現し、お客様に喜んでいただくことに必死でした。しかしお客様の一番の関心事は「このお花はどれくらいもつかしら？」ということ。切り花ってどうしてすぐに枯れてしまうんだろう……と考えるようになりました。
　この悩みを解決できたのがラシヌプランツの寄せ植えです。根付きなので、生長し、カワイイお花が何度も咲き続け、1カ月はそのままの状態でお花を楽しめます。
　私の夢は、このラシヌプランツを皆様に知ってもらい、花屋の注文で、アレンジメント、花束と並びラシヌプランツがオーダーされるようになることです。　お誕生日、結婚記念日、新築祝い等で贈られたラシヌプランツは、多年草を地植えすれば毎年花を咲かせ、枝物は記念樹となります。

　そんなラシヌプランツで皆様に沢山のほっこりをお届けしたい。それが私の願いです。

work 02
〜フローイングスタイル〜
クレマチス・カートマニージョ、
ツルニチソウの蔓を生かして

<u>work 03</u>　〜マウントスタイル〜ベロニカ・ウォーターペリーブルーと多肉植物の鳥籠

KAORI KATO
加藤歌織

HP_ https://www.blessingringpg.com/　　Instagram_ @blessingring.gf

Profile_

「Blessing Ring（ブレッシング リング）」代表
1998年、フラワーデザイナーを目指し、日本フラワーデザイナー協会でフラワーデザインを学ぶも、フラワーデザイナー2級取得後、仔細にて退会。2000年からの結婚生活の中で、子育てや介護が落ち着いた頃、Facebookで根付きの植物でフラワーデザインをするあおき式園芸手法に出合い、その美しさに魅了される。2017年から青木英郎先生に師事、2018年に卒業し、活動を開始。
現在は岐阜市内、主にメディアコスモス内スタジオや構内スペースにてワークショップや展示販売を不定期に行う。

TEDx Anjo2018
ジャパンフラワーオープン in しずおか2018みしま　コンテスト決勝出場 敢闘賞受賞
第15回国際フラワー＆プランツEXPO（IFEX）
花フェスタ記念公園（現：ぎふワールド・ローズガーデン）ターシャの庭（現在営業終了）信州花フェスタ
などに参加

HP　　　　Instagram

　師匠青木英郎氏に師事してから、7年が経ちました。当時師匠から教わった手法は、私が今まで見たことがない、まるで切花のアレンジメントのような、美しい根付きの植物たち。それらは、完成形でありながら成長を続けていき、姿を変えながら未来へとつながっていく。私は一瞬でその手法の虜になり、お花との向き合い方を根底から変えてしまうほどの衝撃を覚えました。
　一人でも多くの方にあおき式園芸手法の素晴らしさと、生きている花苗の持つ生命力溢れる美しさを知っていただきたい。そして、植物が生長する過程を楽しむことで自身も癒されていく体験を気軽に、身近に感じていただけるようなご提案をしていきたいと思っています。
　丈夫で品質のよい花苗を作ってくださる農家の皆様に感謝し、その花苗を使って美しい作品を作ることで、花苗の正しい価値を認めていただけるよう心がけて活動しています。
　今もなお進化している新しい手法の良さや、この手法を通して私が経験した喜びと感動を皆様にもお伝えしていきたいです。

私の母は素敵なもの、美しいものを集めることが好きな人でした。美しい花を育てることはもちろん、身につけるジュエリーや洋服など……。

なかでもカップや食器は、和洋問わず、新しいものから骨董品まで色々なものを収集して、生活の中で普段から使い、さらに飾って眺めて愉しむ日々を送っていました。

私は母の収集した綺麗なカップを選び、おいしいお茶を飲むことが大好きでした。時にはお抹茶、時にはコーヒー。母が淹れてくれるお茶の時間は、とても大好きで日常の中にある、贅沢なひとときでした。

それは宝石を身につける、特別な日が毎日の生活にあるような、ただお茶を飲むという習慣が、器を変え、飲み物を変えることで、その日の一大イベントのような気がしていたのかもしれません。

飲み物を飲む、という行為そのものは暮らしの中で欠かせない活動ですが、行為そのものに価値を見出し特別なものとする。

花や植物も、それを買うという行為や育てるためにかける時間は、そのことに価値を見出した人にしか特別なものになりうることはありません。

"嗜好"とはその類のものであり、人それぞれに異なるものです。

心惹かれたものが毎日の生活の中にともにあり、身につけることができる。さらに、飾り、そばに置き育て、目で見て愉しむことができる。

人の嗜好が自由であるように、植物との向き合い方ももっと自由であってほしい。植物たちとともに生きる手段の中に、ぜひプランツジュエリーを加えていただけたらと思います。

work 01

器の中にある、私だけの箱庭
大事なスペースだからこそあえて豪華に
それでいてコンパクトに

あおき式だからこそできる
まるでそこに
一緒に育ってきたかのような一体感と
アレンジメントのような美しさを求めて

work 03

ラウンド型のウォールバスケット

あおき式園芸手法により、土を使わず、
自由に組み替えができます。ロングス
ティック方式で束ねたたくさんのパーツ
を使って植え込みました。
小さく植えて大きく育てる。そんな楽し
み方も素敵ですが、完成した瞬間から
美しい状態で育てることができる喜びを、
あなたにも味わっていただきたいです。

NAOMI KISHIKAWA
AIRI KISHIKAWA
岸川直美 & 岸川愛凜

❋

nomi's Instagram_ @atelierk818　　nomi's LINE_ @616cdhvx　　airi's Instagram_ @ai_lilas2023

Profile_

「atelier k」主宰
愛知県幸田町にある小さなアトリエ。世界にひ
とつだけの作品をお客様の想いに寄り添いなが
ら心を込めて制作している。

naomi's Instagram　　naomi's LINE　　airi's Instagram

お花やグリーンには特別なパワーがあります。
心が穏やかになり、心身ともに癒しをもたらしてくれます。
季節のお花やグリーンを暮らしに取り入れ彩りを添える
心豊かな時間をコーディネートいたします。

work 01　「ガーデニング工房あおき」は、私のお花人生が始まった場所です。
　　　　　一人でドキドキワクワクしながら工房を訪れた時に初めて見た「モナラベンダー」は、卒業作品の思い出の花となりました。
　　　　　師匠からいただいた教えや機会は、私の人生において最も貴重な時間。
　　　　　切磋琢磨できる同志に出会い、刺激をもらい、励ましに支えられ、大きな宝物となりました。
　　　　　そして、師匠からつないでいただいた生産者様とのご縁。
　　　　　作り手の日々の努力、愛情があってこそ、美しいお花やグリーンを扱うことができます。
　　　　　感謝の気持ちを忘れず、このご縁をこれからも大切にしていきたいと思います。　制作／岸川直美

<u>work 02</u>　娘の愛凛が花に興味を持ったのは、現役生の私が工房に通っている時に一緒に工房へついて来たことがきっかけです。
娘のお花に向きあう気持ちを大切にしたいと思います。　　制作／岸川愛凛

親子でお花を通して過ごす時間は、私にとってとても大切なひとときです。娘にとってよき理解者であり、支えになる存在で
あるよう助け合い、影響し合い、ともに成長していけたらと思います。 制作／左：岸川直美、右：岸川愛凛

ETSUKO KUMAGAI
熊谷惠津子

Instagram_ @mashup_flowers

Profile_

東京都大田区在住。事業立ち上げ、セールス＆マーケティング、商品企画の経験からコンサルティングを行う。さらに、あおき式園芸手法を活用したサービスを提供、作品販売、ベランダ・庭の改修、プランニングをスタート。

Information_

ロゴ・HP制作協力：株式会社アベデザイン
https://www.abd.co.jp/
考えていることを、理想通りのデザインにしてくれるデザイン会社です。大好きな蝶々をモチーフに、アシンメトリーにMF（MASHUP FLOWER）をあしらってくれました。

Instagram

MASHUP FLOWER

青木先生との出会い

　SNSで素敵な寄せ植えを見て調べたら、「苗を崩し根付きの花束を作る技術の元祖」である青木先生に辿り着きました。本を購入し先生の考えに触れ、「この先生に教わりたい！」と迷わず名古屋に行きました。

　私は「ペイ・フォワード（pay it forward）」という映画が好きなんです。直訳は「先に払う」という意味ですが、誰かに受けた親切を他の人につないでいくことを意味します。このことが、先生の研究による技術や活動そのものだと感じたわけです。華やかでオリジナリティのある寄せ植えを作る技術は、花に関心のない人も魅了するほどです。今まで興味のなかった花を好きにさせる威力もあります。また、見る人を楽しませるだけではなく、多くの苗を贅沢に使用する技術は、苗の生産者、卸問屋さん、花屋さんの売上に貢献し、産業を盛り上げたいというものでした。生産者から消費者まで、すべての関係者が幸せになる園芸の新しいビジネスモデルともいえる技術に感銘を受けました。同時に先生の凄まじい努力と苦労を感じました。

　園芸業界に限りませんが、革新的なことに反対するのは意外と同業者だったりします。意志を貫き具現化することは、とても難しいことだと思います。実は、私のボスの津田博士も、技術をマーケットに届ける活動をしており、そのプロセスに携わることができたので、青木先生の長年の活動の偉大さに、すぐに気づくことができたのだと思います。よい先生に恵まれました。

作品について

　今回の作品は、新しい技術を最大限に生かせるよう工夫しました。複数の「ユニット」でできていますが、ユニットは簡単に取り外すことができるので、組み合わせを変えたり、追加することもできます。そのメリットを活かし、3つの作品はいくつかの共通のユニットを組み替え制作しています。また、室内用の花器に生け花風にデザインしてみました。花によっては室内でも楽しめ、切花よりも長持ちします。

　一つのユニットをお皿に載せて鑑賞することもできるので、器いらずで手軽。場所を選ばず、形も自由に変えられるため、様々な可能性のある革新的な技術です。まだまだ研究過程ですが、花苗が室内兼用となるのも時間の問題かもしれません。新しい技術で新しいマーケットを探り、新しい価値が見いだせれば、新しい商品開発がなされます。私たちも更に作品作りを楽しむことができます。技術を変化させ、伝承していくことができたらと考えています。

これからやりたいこと

　先生のレッスンを受けて、人生まで考えました（笑）。私がこれからやりたいことは、①地域を"素敵な草花"でいっぱいにすること ②園芸界の構造や価値を伝えること ③社会貢献することです。

　①は、植物が人に「癒し」を与える効果があることがわかったので、より多くの方に草花を身近に置く習慣をつけていただきたいと考えています。花を見て癒され、心にゆとりができれば、人に優しくできるし、搾取やいさかいもなくなり、戦争もなくなるのでは……なんて思っています。

　②は、"価値あるものは高い"と消費者に認知頂くことです。モノ作りは、多くの関係者の努力と協力で成り立っているのですが、日本は長年の合理化・効率化により、"良いものを安く"を追求しすぎ、自分たちで価値と収入を低下させてしまった気がします。いいモノには、その対価が支払われることを当たり前にしたいです。

　③は、小さなことでもよいので、社会貢献をしたいです。一人ではできないことも多いので、購入者や、地域の方にご協力いただきながら、活動していきたいと考えています。現在は、研究過程で出た苗や交換した苗等を、卒業した幼稚園に寄付することを始めました。ビジネスとして成立しなければ継続できませんが、大好きなお花で作品を作り、人が喜び、普通の生活ができれば幸せだなぁ……と考えています。

　最後に、今回このような機会を提供して下さった青木先生や、作品作りにご協力いただいた関係者の皆様、大変ありがとうございます。

初めて見た時は驚きしかなかった「繋木紋」の器。メーカーの研究所で培ったノウハウを活かした特殊な素材は、軽量で頑丈、通気性もよく、水質がよくなるそうで、植物を生きいきと育成させます。
資材協力：イシダ工房

<u>work 02</u>

絶妙なサイズの木のプランターで、庭がな
い家やマンションにピッタリのサイズ感で
おすすめです。日本の職人さんが制作して
いるため、作りもしっかりしています。
資材協力：株式会社WOODPRO
https://www.woodpro21.com/

work 03

PTMDは独創的なデザインですが、シックな色合いなので、草花をよりオシャレに引き立てます。大好きなブランドです。
資材協力：株式会社阪神トレーディング
http://www.hanshin-trading.co.jp
PTMD　https://ptmd-collection.jp

花材協力：
堀内植物園 フラワーガーデン花音
アソート出荷をしていただける仲卸
Instagram @horiuchi223

有限会社椎名洋ラン園-ranto
カジュアルに楽しめるミニ蘭
https://sheena.ranran.co.jp/ranto/

近藤園芸
ロベリアプリンセスブルーは花首が長く、
可憐な小花が風で揺れてかわいい
Instagram @greenstable88

KAORI KURAMOTO
蔵元 薫

HP_ https://catandnap5656.wixsite.com/catandnap   E-mail_ catandnap5656@gmail.com

Instagram_ @_catandnap   LINE_ @752vomyk

Profile_

ガーデン屋クマノ合資会社 専務取締役
セツモードセミナー研究科卒業。河合ニットデザイン専門学校にてデザイン画・色彩講師を勤め、その後家業の造園業に就く。あおき式園芸手法と出合い、青木英郎先生に弟子入り。卒業後、家業の造園業花部門として「cat and nap」を立ち上げ、現在、あおき式園芸手法を使用した寄せ植えのレッスン、レンタル、販売などを行っている。

　幼い頃は野原が好きでした。花壇の花にはまったく興味がなく、小さな雑草の花や田んぼのレンゲ、道端のスミレに心が惹かれていました。大人になってからは、造園業を稼業とし、花と触れ合う機会はあったもののそれ以上に好きになったり、興味を持ったりすることはありませんでした。

　けれど、あるお花屋さんの店主の作品を見た時、心が揺さぶられ、惹きつけられ、そしてこんなにもたくさんの言葉を持っているものなのかと衝撃を受けました。それは「花＝芸術」と、私の中で花という存在の価値観が変化した瞬間でした。でもそれによって、花というものがさらに遠きものになってしまったような気がします。

　数年後にまた、新たな出合いがありました。造園関係の出展を観に行った際に青木先生のデモンストレーションに遭遇。そこにもまた芸術がありました。

　造園業の私にとって、根付きの花苗を使う事が花をより身近なものにし、さらに作る楽しさや、育てる喜びを想像させてくれました。この出合いがきっかけとなり、現在の私があります。

　見る人の心を揺さぶり、惹きつけられるような、花を手に取る人が欲している言葉が無言の花から伝わってくるような、そんな作品を作っていきたいと思います。

work 02 become a shadow

work 03　spring up

REIKO KOIDE
RAITA KOIDE
小出玲子 & 小出雷太

Profile_

「キューピット」主宰

美と健康と感謝
あおき式園芸手法に出合えてよかった

　世界遺産の富岡製糸場を舞台にした撮影は、いくつもの偶然が重なり実現しました。

　祖父の小出良策が富岡製糸場（現在の片倉工業）に出入業者として、薬や小間物を納めていた頃の温度計に遭遇。その前で、フランス人の生糸技術者ポール・ブリュナにちなみ、スズランとワスレナグサ、綱木紋の器の作品を撮影できました。

　また、凛とした志を内に秘めた工女さん達に想いを馳せ、綱木紋S字の器にプリムラ・群青の空を使った作品を制作しました。

　診療所の前で、薬剤師になった息子雷太の作品を撮影できたことが何より嬉しかったです。祖母のあは子は、群馬で最初の頃の女性の薬剤師でした。もしも元気でいれば、さぞ喜んでくれたと思います。

　片倉工業が、製糸場を大切に保存していただけでなく、桜の木も大切にされていたことに感動しました。

　思い切って、青木先生の門を叩いたのは、今思えば、息子の一言があったから。

「歳だからどうしよう」という私に息子は、「歳だから、今しかないよ」と言ってくれました。

　主人には、花に向かっている時の顔は、普段見ることのない真剣な表情をしているとよく言われます。

　お花のつながりで、若く才能のある方々とお友達になれたことにも感謝です。

　今でも、初めてあおき式園芸手法の作品を見た時の感動を憶えています。花束のように美しく、野原に咲いているように自然で、今まで見たことのないかわいらしさでした。

　この感動や計り知れない植物の力を、皆様に伝えていけたらと思っています。

work 01　元気になってね

work 02 工女さんに捧げる

work 03　新しさと懐かしさ

撮影協力：富岡製糸場（群馬県富岡市）

MASAKO KODACHI
小太刀昌子

❀

HP_ https://marsars.co.jp　　Instagram_ @flagla_marsars　　LINE_ @410vtplm

Profile_

有限会社マーサーズ代表取締役
「フラワーヒルズ」店主
フラワーデザイナー、ギャラリスト
1995年、フラワーデザインスクール併設のショップを開業。市民文化祭フラワーデザイン部門を立ち上げ、発表の場をつくる他、イベント開催を通じで花の普及活動を続ける。

花はそこにあるだけでこころを和ませます。多様な組み合わせにより、花の色・形・香り・表情などを最大限に活かすためには常に新しく確かな技術が必要です。身近で誰もが作り出せる自分だけの花style。作る人も観る人も、花によって豊かになるライフスタイルをもっと自由にお楽しみください。

HP

Instagram

LINE

全国各地の生産者から届く花を使った作品はある意味旅をしてきた花。その調和をトランクに詰めて表現しました。

work 02 TSUMUGU 〜紡ぐ〜自分 Style

撮影場所が富岡製糸場に決定したところから、
インスピレーションで織りなす色とりどりの
糸を使用したドレスを連想しました。
撮影協力：富岡製糸場（群馬県富岡市）

KATSUE KOBAYASHI
小林克枝

❦

Face book https://www.facebook.com/profile.php?id=100029914232961
Instagram @casablanca.674

Profile_

「アトリエカ サブランカ」主宰
千葉県山武市在住

2022年10月に、私の夢だった自宅の庭に、アトリエを建てることに……。

いつか白い小さなアトリエで、たくさんのお花をアレンジしたいという夢が、家族や仲間の支えのおかげで実現することができました。

アトリエから近い九十九里浜海岸にある、とても素敵な景色の蓮沼道の駅に、あおき式園芸手法の寄せ植えを展示させていただいております。他県から来られた観光客が、帰り道に少しでもこの寄せ植えの魅力を感じていただき、多くの方に知っていただけたらと思っています。

花の仕事に携わるようになり、21年が経ちました。

私の勤め先は、全国展開をしているホームセンターで、千葉県内の店舗に勤務しています。現在は、フラワーマーケット担当として、売り場を任されていますが、4年目にひょんなことから園芸担当から、切花担当専属になりました。その時から植物全般の性質や切花の知識を身につける必要性があると感じ、フラワーアレンジメントデザイナー、飾花インストラクター、色彩検定などの資格を取得しました。

私の運命を変えたのは、幕張メッセで開催されたIFEX（国際フラワー＆プランツEXPO）での青木英郎先生との出会い。あおき式園芸手法による寄せ植えのデモンストレーションでした。

根付きの花苗を花束のように植えていき、完成した瞬間から美しい。フラワーアレンジのような仕上がりで、綺麗が長持ちする、次世代の寄せ植えで、それはそれは衝撃的でした。

すぐにチャレンジしてみたいと思い、ワークショップに参加し、その後2～3して、弟子入りを決心。2020年11月には、千葉県初の本部認定講師の資格を取得しました。

現在も、ホームセンターで勤務するかたわら、個人で活動しています。

私の夢は、この次世代の寄せ植えを全国へ発信することです。微力ではありますが、お手伝いさせていただけることに感謝しております。

今も進化している新しい技法、ロングスティック方式や巾着方式の寄せ植えをたくさん作り、その素敵さを伝えたいです。

21年前に入社し、花にかかわり始めた時から、進むべき方向は決まっていたのかな……。だから、今の私があるような、そんな使命を感じています。

根付きの花束・ルーティブーケは〝生きていくブーケ〟。
永遠の愛を誓う場面に最適なアイテムです。

work 02 ムーンクレッセブーケ

work 03　ガーランドブーケ

SAEKA SASAKI
佐々木冴加

✻

HP_ https://asiac.jp Facebook_ https://www.facebook.com/asiac.jp

Instagram_ @asiac.jp LINE_ @asiac

Profile_

JPGS本部認定講師、インテリアグリーンとカフェ「asiac」経営
あおき式園芸手法レッスン、プランツコーディネート、ガーデニング、雑貨販売。
趣味は旅。

2015年 旅する雑貨卸「Asiac」として創立。あおき式入門。
2017年 ハウステンボス「花の世界大会＆ガーデニングショー2017」コンテナガーデン部門 銀賞受賞
2018年 ハウステンボス「花の世界大会＆ガーデニングショー2018」コンテナガーデン部門 最高優秀作品賞・銀賞受賞　ハンギングバスケット部門 金賞・銅賞受賞 その他受賞多数
2019年 本部認定講師に認定
2020年 JPGS「スキルアップコンテスト」金のスコップ受賞

Information_

asiac
〒820-0084 福岡県飯塚市椿223-1
TEL　0948-22-7870　090-8763-4272

　もともとカフェを開こうと思っていたが、子どもが小さいこともあり、自宅でできる世界の雑貨販売をしていた。植物の仕事を何で始めてしまったのだろうと不思議に思うこともある。雑貨をよく見せるために植物を並べたのが始まり。植物をもっと自由に美しく、楽しく、可愛く、思い通りに植えられたらと思い、あおき式の門を叩いた。

　植物の仕事は四季の香りを運ぶ風に吹かれ、ぽかぽかと暖かいお日様を浴びて力をもらい、時には雨に癒されながら植物と対話する満たされた時間。土に触れて、植物の命を感じる。そして何よりもあなたが笑顔になるのが見たくて、試行錯誤する。笑顔を創造していく瞬間。すべてが贅沢で、植物なしでは人は成立しないということが実感できる。草花の持つ不思議な力に魅了され、もっと深くどこまでも知りたいと願う。

　そして、植物を通して、今こうしてあなたともつながることができた。

　植物の力を知っていますか？

　知ってしまったら、あなたも私と同じようになってしまうのだろうか？

　今この仕事に出合えて、私はとても幸せだ。

work 02 パーティー 美味しく楽しく

work 03 森の中生きていく

YUMIKO SASAKI
佐々木由美子

❀

E-mail_ nekotan2015@gmail.com   HP_ http://eses-k.sakura.ne.jp/chacha/
Instagram_ @chacha_garden222

Profile_

「茶々ガーデン」代表
花苗、リーフ苗、鉢、ガーデン雑貨を販売。

Information_

茶々ガーデン
〒012-0862 秋田県湯沢市関口石田114-18

HP   Instagram

　私の花好きは父の影響が大きく、幼少の頃から庭や野原に咲く草花に親しんできました。お小遣いで種子や球根を買ってきては、庭に植えて、袋絵のきれいな花が咲くのをワクワクしながら待つ、そんな子ども時代でした。

　やがて華道、フラワーアレンジメントを経て、50代後半になってから、あおき式園芸手法に出合いました。

　この手法で植物の力強さを改めて知り、その面白さと自分の「好き」を自由に表現できるまったく新しい園芸の世界に大きな可能性を感じました。絵を描くように色を重ね作り上げていく過程は、本当に楽しい自分だけのアートの世界です。レッスンではその楽しさを感じていただけるように心掛けております。

　冬が長く厳しいこの地でも楽しめるお花を研究し、良質な作品を今後も生み出していきたいと思っています。

　今回の3作品に、私の母が生前作った川柳を添えさせていただきました。

work 02 春来たよ そうらしいねと 米を研ぐ

YUKA SATO
佐藤由佳

E-mail_ info@onesmanorgarden.jp   HP_ http://www.onesmanorgarden.jp

Profile_

有限会社ワンズマナー・ガーデンにて、お庭の設計施工、外構工事全般を行う。

Information_

有限会社ワンズマナー・ガーデン
〒061-1265 北海道北広島市島松289-1
TEL　011-377-2680
FAX　011-377-2690
主な仕入れ先は、エフ・エフ・ティ他、こだわりの生産者。

　根付きの植物と向き合う仕事を始めてから、二十数年。北海道の地で、日頃から気温や湿度、同じ日本でも違う国のような環境で生きている植物、またその生長を研究しています。ロケーションづくりにこだわり、「お庭の植物でめいっぱい楽しむ♪」をテーマに、植物の紹介やお庭の設計施工、植え込みやメンテナンスをしています。

　根付きの植物でつくることのできる、あおき式園芸手法ならではの表現方法をいろいろな場面でご提案していけたらと、日々研究を重ねています。店舗や施設などの装飾はもちろん、イベントや撮影ロケーションなど、様々なシチュエーションでのご相談をお受けしています。

work 02　白と黒と鳥

work 03 旅するブーケ♪

NAOMI SUGIYAMA
杉山直美

Instagram_ @sun.hana.no.atelier

Profile_

「SuN 花のアトリエ」主宰
富士山の麓、静岡県富士市にて活動。寄せ植え
制作、販売、レッスン、イベント出店をしています。

　心惹かれる花苗やカラーリーフを束ねて、ナチュ
ラルな雰囲気の寄せ植えを作るのが好きです。
　植物の生長とともに、お花やリーフの変化が楽し
める作品制作を心掛けています。
　庭、玄関先、室内と、様々な場所での植物の楽し
み方を研究し、植物とともに暮らす生活を提案して
いきます。

work 03 「夢みる」by the window

ATSUKO SEKINO
関野阿津子

HP_ https://www.kaeru-no-hanaya.com   Instagram_ @kaeru_no_hanaya

Profile_

「Kaeru no HANAYA（カエルのはなや）」代表

旅行会社勤務時代に各地の街並みに溶け込み、景色の一部となっている植栽や手入れの行き届いた美しい庭園に憧れ、子育て主婦期間中にガーデンデザインなどを学び、各種資格を取得。ハウスメーカーのリフォーム会社に入社。

さらに、植物にかかわる道を目指すため、園芸店にて2年間修業。その期間にハンギングバスケットマスター、コンテナガーデンマスター、グリーンアドバイザーなどの資格を取得。その後、出合った青木英郎氏の本に衝撃を受け、師事。認定ギャザリスト、本部認定講師となる。

現在は、神奈川県の園芸店、カルチャーセンター、藤沢市辻堂のアトリエにて、毎月レッスンを開講。毎月70人以上、ほぼ毎回満席に。

辻堂アトリエでは、プロを目指す人向けのテクニカルコース、ディプロマコースを開講。卒業生はそれぞれの道へと着々と準備中。レッスンの詳細はHPをご参照ください。

「Kaeru no HANAYA」は、湘南の小さなアトリエです。小さな家の小さな部屋を改装して、お花遊びの憩いのスペースを作りました。

大事なのは素材です。良質な花苗を探すために市場や展示会など、どこまででも車で出向きます。あおき式園芸手法を通してつなげていただいた生産者さん、仲卸さんとのネットワークも、小さなアトリエには貴重な財産です。

そして、師匠により日々進化する手法はワクワクの連続です。私もアレンジのヒントを求めて各地を旅します。

インスタグラムで花旅、日々のレッスン風景を配信中です。

Instagram

<u>work 01</u>　春のふわふわナチュラルバスケット

087

work 02　培養土を使わない新手法のウォールバスケット

work 03　あの頃のひな祭りに

KAORU TANAKA
田中かおる

❀

E-mail_ matocary@gmail.com   Instagram_ @matricaria_hinoeumako

Profile_

「工房まとりかりあ」主宰
あおき式園芸手法ギャザリスト、日英フラワー
アレンジメント協会（JEFAS）公認校講師。
1966年生まれ。趣味で始めたガーデニング、フ
ラワーアレンジメントから花にかかわる仕事が
したいと思い、2011年に異業種から園芸店の
パート店員に転職。SNSで目にした、あおき式園
芸手法に興味を持ち、2018年に青木英郎先生
に師事。2019年の全国都市緑化フェア（信州花
フェスタ）をはじめ、地元でのワークショップや
出張または自宅で教室を開講、販売、レンタル
フラワーサービスも行なっている。

Information_

長野県松本市
TEL　090-9241-0325

Instagram

　田舎暮らしで草花を摘んで遊ぶ、子どもの頃から身近に
植物がある暮らしをしつつ、大人になってからもナチュラル
ガーデンに憧れ、園芸雑誌とにらめっこしながらガーデニン
グに夢中になりました。「庭の花でブーケを作ってみたい」と
ガーデンスタイルのフラワーアレンジメントを習い、出合っ
たのが、根付きの花苗で花束を作りアレンジメントのような
寄せ植えにするあおき式園芸手法でした。

　固定概念にとらわれず、新しい発想で可能性を探りなが
ら花と向き合う。そして花をきっかけにつながった縁は、励
みとなり、宝物になっています。

　社会の情勢や流れの中で、生活に必要なものに優先順位
をつけるとしたら、花の存在価値は人それぞれかもしれませ
んが、花のある暮らしは、（少々ありきたりですが）癒しや心
の豊かさだと思っています。

　土を室内に持ち込まないインドアグリーン、器を選ばず
組み換え可能な園芸と切花のいいところをあわせ持った方
法なら、花の楽しみ方の可能性はもっと広がる。まだまだ試
行錯誤しながら、これからたくさんの植物、そして人との出
会いを楽しんでいきたいと思っています。

work 01 Shabby chic におもてなし（土を使わない KOKEDAMA と多肉植物）

091

work 02 草木萌動
そうもくめばえいずる

work 03　春風駘蕩（ロングスティック方式）

SUMIKO TAMURA
田村純子

Profile_

華道未生流、いけばな小原流、飯田深雪式アートフラワーをそれぞれ10年程学ぶ。

　私は、あおき式園芸手法に出合って、6年になります。青木英郎先生の2冊の教則本に相次いでめぐり合いました。

　それまでも花は好きで、華道未生流といけばな小原流を10年程、また、飯田深雪式アートフラワーを10年程勉強しました。園芸の世界とはまったく縁がなく、接点はありませんでしたが、教則本の巻末から会員を探し、そこで、田中園芸店から恐る恐る始めました。

　これまでの経験とはまるで違う花の扱い方は、寄せ植えをしたことのない私にとっては新鮮で、驚くことばかり。季節ごとに咲き誇る瑞々しい花々を、一本一本崩し、特性を見ながら組み上げていく楽しさは格別です。

　技法の基本は大切で、今も大きな進化を遂げています。まだまだ未知の世界が広がるあおき式園芸手法には、たっぷりの魅力があります。

　異業種ですが私も経営者の一人として、あおき式園芸手法は、付加価値の付け方やお客様に喜んでいただくことなど、業種にかかわらず共通することだと感じました。

　大切なことは「誠実であれ」ということや、絶え間ない技術の向上だと思います。

　いつも花苗を目の前にした時のワクワク感、どう変化するかを想像する楽しさは、幸せの一言です。

work 02 花の息吹き

YUUKO TAMURA
田村優子

E-mail_ fleu.fleu.fle.y@gmail.com Instagram_ yuuko_tamura_y Facebook_ Yuuko Tamura

Profile_

「フルール」主宰
あおき式園芸手法デザイナー
国家資格一級フラワー装飾技能士
日本園芸協会ガーデンコーディネーター
日本園芸協会庭園デザイナー

Information_

西宮市、神戸市、宝塚市、
伊丹市、大阪市
あおき式園芸手法教室
フラワーアレンジ・ガーデニング教室、
ディスプレイ
（フルール、生活文化センター、
アピアカルチャー、カインズホーム、
他カルチャー教室）
庭の設計、リメイク、メンテナンス他

♪花をデザインし、花とおしゃべりする楽しいひと時♪
植物からパワーをたくさんもらう

　自然の中で育った私が、花をアレンジすることに興味を持ち始めたのは、母の生け花教室がきっかけでした。
　玄関の小さな空間に、器、花、石、砂、枝などで、自分の世界を表現する花空間に魅了され、今では自分が表現者として活動を続けています。

　神戸で一人暮らしを始め、ホテルの結婚式場のアルバイトで、ウエディング装飾に出合いました。
　子育てをしながら、フラワーアレンジメント教室へ通い、国家資格一級フラワー装飾技能士の資格を取得。その後、ガーデンコーディネーターと庭園デザイナーの資格を取得し、花で暮らしを彩る仕事を自分の手でつかみ、雑誌に掲載され、いくつか賞も受賞しました。
　気がつけば花との人生は30年以上。現在は、あおき式園芸手法との出合いから、更なる花の魅力、自分が思い描く花と人をつなぐ世界へと歩き続けています。
　今回、花苗ブーケと切花を融合させることで表現の幅が広がり、新たな出合いのある作品に仕上がりました。
花色のハーモニーと花のパワーを感じてください♪

花材／
切花：カサブランカ、雪柳、ガーベラ、
アリアム、リューココリネ、ゼンマイ
花苗：コデマリ、プリムラ、ローダン
セマム、ラナンキュラス、アネモネ、
チューリップ、オステオスペルマム、
スイートアリッサム

work 02　ブロンズ

花材／チェッカーベリー、ビオラ
クローバー、プラチーナ、ワイヤープランツ

KYOKO TOYODA
豊田恭子

Instagram_ @kyowan_

Profile_

「フラワーガーデン花音」captain
グリーンアドバイザー、あおき式園芸手法デザ
イナー
幼稚園教諭を経て、園芸専門店「フラワーガー
デン花音」に約20年勤務。植物の知識と経験
が豊富で、現在店長を務める。同店のレッスン
講師としても活躍中。あおき式園芸手法のテク
ニックはもちろん、植物に触れる楽しさや植物
の育て方をレクチャーしている。

Information_

フラワーガーデン花音
〒634-0007 奈良県橿原市葛本町597
営業時間　10:00～18:00
(11月～2月は17:00閉店)
定休日　水曜
TEL　0744-25-5585
FAX　0744-25-5118

Instagram

関西であおき式園芸手法を学ぶならここ‼
　常に満席御礼、予約の取れないレッスン講師としてSNS
でも人気を博し、通称キャプテンと呼ばれています。
　繊細な技術やおしゃれで優しい色合いの作風と、笑いの
絶えないユーモアあふれるレッスンとのギャップが人気の秘
訣です。個性や感性を大切に、一人一人と向き合い、「楽し
むこと」を主体としながら、レッスンを行なっています。
　初心者さんも楽しめる、作りたいものをサポートする単発
レッスンや、資格取得ができるテクニカル、ディプロマレッ
スンも行なっています (要予約)。
　また、不定期で募集する限定レッスン「トヨダと遊ぼう
presents」も即日SOLD OUTになるほど人気です。
　あなただけのオンリーワンの作品を制作してみませんか。
　詳しくはInstagram、店頭もしくはお電話にて、お気軽にお
問い合わせください。

work 01 Haru Urara

花材／ラナンキュラス、フランネ
ルフラワー、クレマチス・カート
マニージョー、ティアレラ・スプリ
ングシンフォニー、オステオスペ
ルマム・サニー、プリムラマラコ
イデス・すおう、チランジア・キセ
ログラフィカ 他
資材協力：Atelier Kigi

work 02 穴あき S スリット鉢

花材／パンジー・フェデネージュ、
ダブルオステオスペルマム・シル
バーナイト、ミオソティス・ミオマ
ルク、デルフィニウム・チアライ
トブルー、プラティセカ・ブルー
コメット 他
資材協力：CrafTraf

work 03 Regina

花材／久留米ツツジ・レジナ、コ
デマリ・ピンクアイス、コデマリ・
ゴールドファウンテン、斑入りコ
ゴメウツギ、グレコマ・レッドステ
ム、ラミウム・ヘルマンズプライ
ド、オレアリア・リトルスモーキー、
サントリナ・雪の珊瑚礁 他

MAKIKO NOSE
野瀬真希子

E-mail_ hanahabana.2022@gmai.com   Instagram_ @_hanahabana_

Profile_

「花葉花-hanahabana-」主宰

Information_

花葉花-hanabana-

～2024年 spring OPEN～

〒004-0882
北海道札幌市清田区平岡公園東1-2-22
苗・ガーデニング雑貨・作品などの販売、オー
ダー、レンタル、レッスンetc
お気軽にお問い合わせください。
Tel　080-4248-4455

Instagram

Indoor Gardening ～365days～

一年中植物と共に。室内で植物を楽しむ。

作品には私が実際に室内で管理し、育てている植物をたく
さん使用しました。数週間～数カ月、なかには何年も一緒に
生活しているものもあります。
残念ながらインドアガーデニングには不向きな植物もありま
すし、お花の種類がどうしても少なくなってしまうのも事実
です。ですが、まだまだ知られていないインドアガーデニン
グの楽しみ方も沢山あると思っています。

植物のある暮らし。
室内でも屋外でも。
雪国だって一年中植物を楽しめます。

作品は生きているからこそ時間とともにゆっくりと変化し、
「あなただけの小さな世界」が広がっていきます。
私の「好き」がたくさんの方々の「好き」になり、喜びを共有
できたら……とても幸せです。

work 01　アンティーク

[左：セルフユニット]
花材／ストロマンテ・トリオスター、オレアリア・アフィン、プレア、コロキア・コトネアスター、ロフォミルタス・マジックドラゴン、カラテア・タイビューティ、ヘデラ・雪の舞姫、ヘデラ・白雪姫、スキンダプサス、アロカシア・クプレア、ヘーベ・ベイビーピンク、マランタ・レウコネウラ ケルコベアーナ

[右：セルフユニット]
花材／ザミオクルカス、セネシオ・エンジェルウィングス、ネフロレピス・スコッチモス、オレアリア・アフィン、シンゴニウム・コンフェッティ、シンゴニウム・ネオン、シンゴニウム・チョコレート、シンゴニウム・マリア、シンゴニウム・ピクシー、アロカシア・クプレア、アロカシア・ドラゴンスケール、アロカシア・シルバードラゴン、アロカシア・ブラックベルベット、アローカシア・アマゾニカ、カラテア・オルビフォリア、カラテア・タイビューティ、アスパラガス・プルモーサス、スキンダプサス、フィロデンドロン・シルバーメタル

work 02　和と洋

[奥：ハイドロブーケ]
花材／アスパラガス・スプレンゲリー、アンスリウム・シエラホワイト、アンスリウム・イクリプス、ウエストリンギア・スモーキーホワイト、シンゴニウム・コンフェッティ、フィロデンドロン・バーキン、スキンダプサス、ヘデラ・白雪姫

[中：葉づつ]
花材／セネシオ・エンジェルウィングス、ロフォミルタス・マジックドラゴン、ヘデラ・白雪姫、女王の涙、フィットニア・シルバー

[手前：葉づつ]
花材／アンスリウム・ジゾー、コロキア・コトネアスター、コクリュウ、ヘーベ・ベイビーピンク、ホヤ・カール、ヘデラ・雪の舞姫、コプロスマ、ザミオクルカス・レイヴン

work 03　観葉植物と季節の植物

[左：ブーケスタイル]
花材／ビオラ・ももか しんしん、よく咲くスミレ、江原ビオラ・ミックス、夢見るパンジー、ヘデラ・雪の舞姫、ヘデラ・白雪姫、クリソセファラム、オリヅルラン・カール、ロータス・コットンキャンディー、サントリナ・雪の珊瑚礁、セダム・クーププランコ

花材協力：浅岡園芸、木村園芸（木村弘司）、高橋園芸、
flower field takeda
撮影協力：有限会社Ones manor Garden

[右：セルフユニット]
花材／オリーブ、コルディリネ・レッドスター、シンゴニウム・チョコレート、ピレア・グラウカ、アデナンサス・ウィーリーブッシュ、ライスフラワー・マーマレード、ライスフラワー・ピンク、オステオスペルマム・ダブルファン ホワイトブル 、ヘーベ・ベイビーピンク、ゴールテリア・ビッグベリー、ヘリクリサム・シルバースノー、ヘデラ・白雪姫、ヘデラ・雪の舞姫、西洋イワナンテン・フロマージュ、クレマチス・ペトリエイ、ホヤ・リップカラー、ヒューケラ、ミスカンサス

ERIKO HASEGAWA
長谷川惠利子

Profile_

「寄せ植え工房 桜梅桃季」主宰

Information_

寄せ植え工房 桜梅桃季
〒720-2115 広島県福山市神辺町下竹田896-36
TEL 090-8358-7010

あおき式園芸手法の最大の魅力は、仕上がりの豪華さときれいさ、そしてそれが長く楽しめることです。

お花だけが主役ではありません。グリーンリーフ、シルバーリーフ、枝物等々、色々な種類の植物達が混ぜ合わされ、すべての役割を見事に果たし、美しい作品が生まれるのです。

残念なことに、切花のアレンジメントやブーケのお花は短命に終わります。また、ギフトの胡蝶蘭や寄せ植えを見ても、どこでも購入できるようなものばかりで、結局、価格競争になってしまっています。

その点、あおき式園芸手法では、根っこが付いたままの花苗をブーケ（ルーティブーケ）に仕立ててアレンジするので、できあがった作品は個性的で豪華、さらに、きれいが続きます。また、宿根草や多年草を使用した作品は、上手に育てれば、毎年お花を咲かせることができます。観葉植物を使った作品も、長期間生長が楽しめます。

広いお庭がなくても、花壇がなくても、ベランダでも室内でも、場所や器の制限なく、一年中きれいなお花を楽しんでいただけます。

子どもの頃のように土や植物に触れることで、体から負のエネルギーを放出し、毎日忙しい現代女性のストレスを少しでも緩和でき、心にゆとりが持てるようになれば、こんなにうれしいことはありません。

私の好きな言葉に、春には「桜梅桃季の花」、秋には「紅蘭紫菊の花」という言葉があります。自分らしく個性を持って人生を謳歌してほしいという言葉通り、進化し続ける個性的なあおき式園芸手法をさらに研究、発展させ、皆様にきれいをお届けすることは、私の人生最大の喜びです。

work 03　みんなが主役

MIWA HANAOKA
花岡美和

✦

Email_ floristmiwa@gmail.com   HP_ https://floristmiwa.thebase.in   Instagram_ @florist.miwa

Profile_

FLORIST.MIWA
オランダ王国認定フローリスト
JPGS会員　認定ギャザリスト

　那須の花屋の娘として生まれ、幼少期から母の仕事の花イベントについて、オランダ、ドイツ、フランスを訪れてきました。幼いながら、「花屋とは何か」「花を扱うとはどんなことか」に触れ、植物を育てる楽しみよりも、デザインされた美しさを求めていたように思います。

　16歳でオランダのフラワーカンパニーに行ったことをきっかけに、本格的に花の勉強をし、資格を取得。花屋として働いている中で、あおき式園芸手法を知りました。

　今までにない、根の付いた植物で、こんなにも美しい作り方やテクニック、表現があるのだと心惹かれ、植物の魅力を再確認することができたのです。

　今回制作した3作品は、あおき式園芸手法のテクニックで、美しさやおもしろさを私なりの原点、基本、応用として表現することにしました。

　植物の力強さをそのままに「野のままに——」を、基本かつ基礎として根っこの付いた植物の小さな花束として、「大地———」を制作しました。

　人の手の入っていない那須高原の自然で見つけた猿の腰掛けにさえも、手の中で優しく自由にユニットしたものが、息を合わせたように掛け合わせる事ができたのです。

　あおき式園芸手法の一番の魅力といえば、根の付いた植物の表現の幅の広さ。ルーティーブーケのテクニックを使い、切花と花苗を組み合わせた自由なデザインで、切花だけでも、鉢物だけでもない、植物の垣根を超えた気持ちのままに作品にしました。

　今までの花の歴史の中でも、切花のデザインに根の付いた植物を合わせる事はあったと思いますが、「根の付いた花束に切花を合わせている」という思考で、私の得意とする「その人を表現し感じさせる花」として、「風——」を制作しました。

　ブーケにも、ショルダーブーケにも、そしてボディアートとしても無限のデザインを可能にするテクニックです。

<u>work 01</u> 野のままに──

work 02 大地——

work 03 風──

KANAKO HIRONAKA
廣中可奈子

E-mail_ green.flowers.five@gmail.com　　Instagram_ @green_flowers_5　　LINE_ 086dcfjt

Profile_

愛知県春日井市在住。寄せ植え装飾コーディ
ネーター。
子どもが幼稚園に入園する前に、家で親子で楽
しめることとして、ガーデニングを始める。
春日井市落合公園付近に突然現れる謎の花屋
"green flowers"主宰。
DIYで改造中のガレージショップや商業施設で
の催事・マルシェ等を中心に活動中。

Information_

寄せ植えの販売、レンタル、植栽、レッスン、室
内外のトータルコーディネート。
現在、落合公園付近のガレージショップは不
定期のゲリラ出店となっています。営業日は
Instagram Storiesのみでお知らせ。小学生、中学
生の子どもや親子での寄せ植えワークショップ
も随時開催中。
Instagram Messageにてお気軽にお問い合わせく
ださい。

❀ green ❀ flowers ❀

Instagram

LINE

"私は私らしく……自分らしさを見つけよう"

　人の真似ではなく自分の好きをたくさんつなげて、それぞ
れが個性ある自分らしい作品を作っていこうという想いから、
このコンセプトが生まれました。

　ハードでカッコいい物好きな長女、柔らかい雰囲気のかわ
いいもの好きな次女。そんな対照的な二人の娘をイメージ
して作品を制作しています。

　オリジナリティ溢れる作品を提案したいという想いか
ら、以前通っていたレザーバッグ教室で学んだ技術を活か
し、革、木、リボン、オーガンジー、パールなど、「植物＋αの
Handmade作品」も考案し、green flowersらしさを追求して
います。

"日常の中にほんの少しの非日常を……"
　今後は、植物好き、Handmade好きな方々とそれぞれの自
分らしさを見つけて、ほんの少しの非日常をプラスしていく
お手伝いをさせていただけたらと想っています。

2023年1月29日撮影
　年明け早々、撮影日が決まりました。
　構想、花材集め、作品作り、撮影まで2週間（実働10日）で、
一番大変だったのは花材集めでした。年明けは、市場に出
回る苗も少ない中、愛知県の生産者様（浅岡園芸様、木村
園芸様、広野園芸様）と仲卸の皆様のご協力により、作品を
作ることができました。きれいな苗を分けていただき、心よ
り感謝いたします。

Collaborators
販促物デザイン：Miyabi、映像指導：Sagiri、DIY：Masaki、
サポート：Fumiyo、協力：KAJITA

work 01　非日常を纏う……

観葉植物のガーランド×パール・オーガンジー　**花材**／ポトス・エンジョイ、ポトス・グローバルグリーン、ポトス・ステータス、スキンダプサス・オルモストシルバー、アロカシア・シルバードラゴン

<u>work 02</u>　私らしく歩き出そう……

胡蝶蘭マザーチークと観葉植物のブーケ×レザーラッピング　**花材**／胡蝶蘭マザーチーク、ポトス・エンジョイ、ポトス・グローバルグリーン、ポトス・ステータス、スキンダプサス・オルモストシルバー、アロカシア・ナイロビナイツ、アロカシア・クプレア

work 03 PLANTS + α

①DIYスタンド×ウォールバスケット　②DIY丸太鉢×オージープランツ　③DIY額縁×観葉植物　④レザーバッグ×多肉植物　⑤レザーネームタグ×ブリキ観葉植物　⑥リボン・フラワーペップ・パール×多肉ボール　＊①〜③ラウンド＆スティック方式。④〜⑥アート水苔

FLOWER STUDIO WREATH.K KUWAHARA

Flower Studio Wreath.K Kuwahara

❀

HP_ https://wreathk.com　E-mail_ contact@wreathk.com　Instagram_ @wreath.k

Profile_
「Flower Studio Wreath.K」代表。
大阪府大阪市在住。
おもに、大阪府・兵庫県にて活動中。
ガーデナー。あおき式園芸手法講師。
大学卒業後、IT企業に就職した後、
青木英郎氏に弟子入り。
その後、レジャー施設のガーデナーとなる。
2023年「Flower Studio Wreath.K」をスタート。

　物心がついた時から植物が大好きで、幼い頃の夢は「お花屋さん」でしたが、他にも絵で様々なことを表現するのが好きだった私は、10代の頃にデザインの道へ進むことを選びました。

　大学を卒業してからは、キャンバスをパソコンに変えて、IT企業に就職しました。しかし、年々「やっぱりお花屋さんになりたい」という気持ちが強くなり、8年を経てついに花の世界に飛び込む決断をしました。そこからはどんなお花屋さんになりたいかを考え、自分の思いを形にする方法を模索しました。

　「受け取った人が心から笑顔になれるものを花で表現したい」「でも、植物が好きだから、できるだけ生きている状態でかわいがってもらいたい」そんな想いで調べているうちに、あおき式園芸手法に出合いました。

　あおき式園芸手法は、土を落としてたくさんの花苗を使うため、寄せ植えなのに美しく贅沢なアレンジができます。また、土を完全に落として作る作品は清潔で、どこにでも飾ることができます。この方法を知って「あぁ！これだ！」と心が躍りました。

　その後、青木英郎氏に師事し、植物の表現方法は無限に広がっていることを知りました。そして、青木氏から認めてもらったことがきっかけで、「Flower Studio Wreath.K（フラワースタジオリースケー）」をスタートしました。

　「Flower Studio Wreath.K」では、「生きている植物をもっと身近に」をテーマに、室内でも屋外でも、どんな場所でも植物とともに過ごせるアイテムの提案をしていきたいと思っています。そして、見た人の心が笑顔になるような作品を作り続けていきたいです。

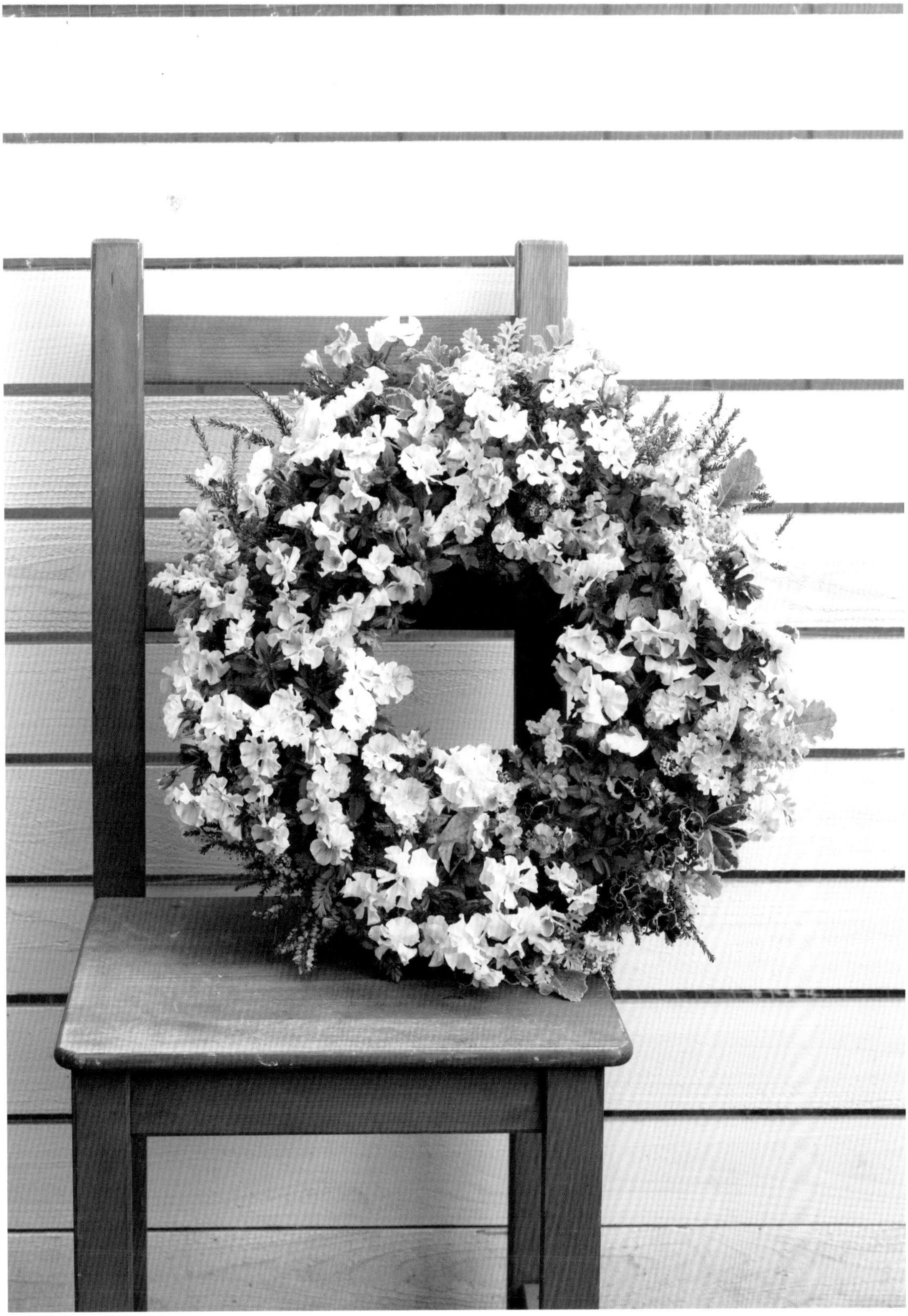

work 03 For my dear

TOMOKO MIZUNO
みずのともこ

❋

Linktree_ https://linktr.ee/majonohana

Profile_
「EFJapan 魔女の花」主宰

自然は生きていますね。虫も花も木も動物も人間も。みんな同じ魂や生命力を持って息づいています。生き物はみんな好き。とりわけ私は花と波長が合ったようです。

鳳仙花のブルン！と手の中ではじける感触。陽を浴びて眩しそうなオダマキの吸い込まれる青さ。学校からひとりで帰る寂しさを払拭させたコスモスの群。どの花が一番完璧かと探した散り椿。お姫様気分を味わえた一面真っ白の銀盃草。今でもその花を目にするとその歳その頃の思いと記憶がトクンと蘇ります。

花達には不思議な力がありますね。果てしなく多様な咲き姿。驚くほど美しい色彩模様。そして心を一瞬にしてとろけさせてしまう魅惑の香り。土を踏みしめてそれらの傍にいるとふっと気持ちが軽くなり緊張がほどけ、懐かしさと安心が入り混ざったような、胸の奥が温かく豊かになるのです。そうかずっと、私は花に守られている。昔も今もね。ありがとう。

私は庭いじりがとても好きです。ほとんど父と母の影響ですね。花は愛する人に言葉ではうまく伝えられない思いを表現してくれます。この素敵な本の一面をいただいて感謝を伝えたいと思い、父と母を主役とさせていただきました。リマインドウェディング(もう一度挙げる結婚式)。人と花と気持ちがあれば、どこだって特別な場所になります。一枚一枚の花びらにひとつ残らず思いを乗せて贈ります。

父と母へ感謝を込めて。

お庭とお花 はなんぼさん、FOUR SEASONS 阿部紀子さん、コノハナ 杉原知子さん。今回の撮影・出版にかかわるすべての皆様に感謝を申し上げます。

Linktree

work 01　フラワーアーチ「HAPPY」

<u>work 02</u>　フラワーテーブル「GLAD」

work 03　フラワーアンブレラ「DREAMY」

AINA MINAMIDA
南田あい菜

E-mail_ info@southernfield.jp   Instagram_ @gardeningflower_southernfield

Profile_

「Gardening & Flower サザンフィールド」店主

大阪・堺市で小さな園芸店を経営。花苗、鉢物、寄せ植え作品、ガーデニング用品を実店舗とネットショップで販売。実店舗では、寄せ植え、あおき式園芸手法の教室を開催している。

Information_

Gardening & Flower サザンフィールド

Instagram

植物には不思議なパワーを感じます。季節が訪れ、美しく開花した時、朝日を浴びてキラキラ輝く花や葉、そよ風に流れて薫る草花は、とても心地よく穏やかな時間を与えてくれます。そんな植物をお手入れする時間は、私を明るく心豊かな気持ちにしてくれます。

近年は新しい植物の開発が進み、丈夫、ボリュームが出る、美しい、開花時期が長いなど、魅力的な草花をたくさん見かけるようになりました。

そのような魅力あふれる草花を、どの花と組み合わせるか、どんな鉢や器に植えてより美しく飾るか……考える楽しさは無限に広がります。

フラワーアレンジのようにあおき式園芸手法の寄せ植えを作って飾る、美しさや楽しさを皆様にも知っていただければうれしく思います。

work 01
ミニバラとオステオスペルマムの
アンティーク調ウォッシュボール

work 02　多肉植物のナチュラルブリキチェアー

work 03　ミニ多肉植物のトランクボックス

RYO MIYAZAKI
みやざきりょう

※

Instagram_ @ryo.tokotoko　Facebook_ https://www.facebook.com/tokotoko.ryo/

Profile_

「花と風の村 tokotoko（トコトコ）」店主
あおき式園芸手法認定講師
プランツマリアージュ講師

Information_

花と風の村 tokotoko
〒010-0862　秋田市手形田中14-20
TEL　080-5570-1654
FAX　018-893-4319
寄せ植え花材、あおき式園芸手法花材・資材、鉢、
園芸雑貨販売。あおき式園芸手法教室主宰

画期的なあおき式園芸手法との衝撃的な出合い

　まるで切花の花束のように植え込まれた寄せ植えの画像に衝撃を受け、一体これはどのように植えられているのか？ 誰が考えた技法なのか？ 興味のるつぼにはまり込んだのが8年前。愛知県の青木英郎先生が創案した寄植えの手法と知り、早速修行の道に入りました。

　今でこそ園芸界において、新しい園芸手法として認知されるまでになりましたが、当時はまだ花好きさんの間でも知っている方は稀でした。こんな画期的な素晴らしい寄植え手法をより多くの方に知ってもらいたいという思いを強くし、講師資格を取得。7年前に北東北初の教室を秋田の地で開講しました。

　また、園芸イベントでのデモンストレーションやワークショップの開催を通して、県内外の花好きさんの間で評判となり、たくさんの方からレッスンを受講いただけるようになりました。

　現在、秋田県内はもとより、青森県をはじめ、私の教室から巣立った二十数名の講師の皆さんとともに、あおき式園芸手法の普及に努めています。

work 01 ふんわりリース

見返り美人
Ｓ字スリット

work 03　フリーホール

MONODACHI
Mono ダチ

❊

E-mail_ monodachi@thi-m-es.com   Instagram_ @shop_monodachi   LINE_ @337obefd

Profile_

2023年現在、愛知県安城市にて活動
「地域伝統のものづくりを伝えたい！」と2021年
に活動開始。物流・IT関連事業を主軸とする会
社を母体としており、「働く場所にこそ植物を！」
というコンセプトのもと、2023年からプランツ
作品のレンタル及び、販売事業を開始。地元企
業の創造性豊かな活気ある職場づくりに貢献し
ていくことを目標に掲げる。

　植物や土に触れる、植物を傍に置く、たくさんの人に
それを体験をしていただきたいです。
　なぜなら私自身がそれに励まされ、活力を得ることが
できているからです。
　創造する、これもたくさんの人に体験していただきた
いです。植物に限らず興味あるものを心のままに……。
　なぜなら、創造し自己表現することは心の解放と成長
意欲につながることを私自身が実感しているからです。

work 01

デスクワークに癒しと活力を
もたらすコンパクトな観葉植物

花材／手前：アロカシア・クプレア、スキン
ダプサス・オルモストシルバー、ディフェン
バキア・ティキ、ヒメモンステラ
奥：ポトス・グローバルグリーン、ポトス・
エンジョイ、シンゴニウム・コンフェッティ
花材協力／浅岡園芸（愛知県安城市）
木村園芸様（愛知県刈谷市）

<u>work 02</u>

オフィスの第一印象を彩る
ウェルカムグリーン

花材／アンスリウム・イクリプス、アンスリウム・スピ
リット、カラテア・タイビューティー、シンゴニウム・チョ
コレート、カラテア・オルビフォリア、アロカシア・シル
バードラゴン、マランタ・レウコネウラ・ケルコビアナ
花材協力／木村園芸（愛知県刈谷市）

work 03

十数個の根付きのミニブーケとして
配ることのできるウェルカムボード

花材／ビオラ、ネメシア、プリムラ、プ
ラチーナ、ベデラ・雪ほたる、ヘリクリ
サム、アリッサム

141

COOPERATION 協力・協力社

青木まさよ
MASAYO AOKI

「ガーデニング工房あおき」。コンビネーションプランツ発案者。血液型A型、山羊座。母の影響でお花が好きになり、母を師として育つ。高校のクラブで草月流を取得し、卒業後、アレンジフラワー教室に2年通い、森先生と出会う。その後、世の中は花苗を使った寄せ植えが流行し、苗の素晴らしさを現在も体感、実行している。コンビネーションプランツは、観葉植物や多肉植物で室内装飾ができないか？という疑問から始まった手法。

私の原点、そして現在

　若い頃から花を育てることが好きだった私は、寄せ植え後に外した苗（例えば、ブルーデージーなど）を3号ポットに植えて育てていました。すると、たくさんのポット苗が並ぶため2～3本をまとめて植えてみたらどうなるだろうと思い、試してみました。ところが、その内の1～2本は枯れてしまうため、思案していました。

　月日は流れて、このことが忘れられなかった1988年頃、フラワーアレンジを習得している時に、先生から花束の作り方を教わりました。その時初めて、花束はこうやって作れば、一本一本がバラバラにならず、きれいな形のまま抜けることなく先方に渡すことができることを知りました。フラワーデザインの世界では、この手法は、一般的なものなのでしょうか。

　2010年頃、私は、花束の作り方をこれからやろうとしていることに応用できないか、と考えました。まずは、植物に合う糸探しから始めました。手芸糸から試してみましたが、どうしても細さと浸水性が気になり、かつて園芸店で売っていたアート水苔という各色入った糸が家にあり、それを使いました。

　この糸はクッション代わりとして植物に適していて、苗と苗が直接当たるのを防ぎ、ストレスを軽減してあげられました。さらに、自分の希望通りに植物を配置できるという利点があります。

　ただし当時アート水苔は、和紙でできていたため、時間が経つ程にちぎれてしまうという欠点がありました。箱に書いてある製造元へたずねたところ、一宮の尾関さんにたどりつきました。「腐らない糸を作っていただけないか」と、青木英郎が尾関さんに相談し、現在のアクリル糸に至りました。

　私はそれから制作を重ね、約12年経ちました。元々作品は、ある病院のカウンターやテーブルにほしいという要望があり、ポトスやホヤ・リップカラーなどを置いていました。しかし、生長していってしまうということで、以前習得したフラワーアレンジメントの先生と私で、切り花と根付きの違いはあるものの、私なりに植物のことを考え、今の手法が完成しました。最近は、多肉植物のセダムやミニ観葉植物などの作品を制作しています。

　2023年を迎えて、いろいろな生産者の苗を見ると、一つのポットに多本植えしているのが当たり前になってきました。昔、私が悩んでいたことも、生産者の方々はやってのけていることに驚きとすごさを感じています。これは簡単なことだったのでしょうか？

北川敏子
TOSHIKO KITAGAWA

　奈良県在住。祖母の影響で幼少期より花を育てることに興味をもちました。近年自分時間をとれるようになり、植物について学ぶ機会を得ました。バラ専門店の講座に通い、樹木医の先生から剪定の時期などを学び、そして寄せ植えはあおき式園芸手法を習得。リーフの美しさを重視し、自宅の庭をリフォーム。花が少なくなる秋から冬は紅葉するものを多用。ローメンテナンスの庭になりました。この頃より個人庭のお手伝いをはじめ、玄関先の鉢植えや室内の観葉植物を制作しています。朝、カーテンを開けて庭を見るのが嬉しく、日中もよく庭を眺めるようになったと喜ばれてます。最も美しい寄せ植えをこれからも日々研究し、四季折々に花のある暮らしを広めて参ります。皆さまのご自宅にも素敵なお花をお迎え下さい。

中谷泰子
YASUKO

Instagram

大阪府堺市在住。造園業並びに園芸店の経営に携わる。植物を引き立てるガーデングッズや背景のイメージを人工的に作る手法として、モルタル造形を取り入れる。壁や小屋などの外構工事も行っている他、庭やインテリアに欠かせない小物を作るモルタル造形教室を開催。生徒さんには造形の楽しさだけでなく、多肉植物や観葉植物など緑や花が入るとより作品が生きるということを実感していただき、あおき式園芸手法を試みている。HP yappi-mortar.com
Instagram @yappi312

　青木英郎先生の本を購入してから、3年後に先生と偶然お会いすることに。その時に、私の作品には、お花がセットなんだなと改めて感じました。素晴らしいあおき式園芸手法を取り入れて、さらに進化する手法をまだまだ勉強し、たくさんの方を笑顔にしていきたいと思います。

オゼキオリジナル
OZEKI ORIGINAL

〒494-0013
愛知県一宮市玉野字淵ヶ巻6-6
TEL/FAX 0586-69-5502
E-mail ozekiart@orihime.ne.jp
HP www.orihime.ne.jp/~ozekiart/

代表 尾関起啓

・アート水苔について
腐食しないアクリル糸で、モール状に撚糸加工し、植物の
根をやさしく包み込みます。例えば、ガラス器を使用し、常
時満水であっても、水は腐らず、悪臭もなく、浄化作用があ
るようです。

・開発について 1
富貴蘭の愛培家でもあり、天然の良質な水苔が減少してい
たため、これに近いものができないかをテーマに掲げ、着手
しました。試行錯誤をくり返して完成したのが、美濃和紙
と綿糸で撚糸モール加工したものです。今も愛好家は化粧
巻等に使用しています。役目を終えたアート水苔は、腐食
し土に戻ります。

・開発について 2
まったく腐食しないアート水苔の開発依頼があり、数ある
化学繊維の中から、原糸は最終的にアクリル糸100%で決
定し商品化しました。モール状のヒゲが表面積を広げ、保
水性があり、植物を守ります。また、糸染は植物用で、安全
な染料で仕上げています。

広野農園
HIRONO FARM

〒470-3235 愛知県知多郡美浜町野間小松川10-11
TEL 090-8077-4306
FAX 0569-87-1056
E-mail hironoengei@gmail.com

浅岡園芸
ASAOKA HORTICULTURE

〒444-1212 愛知県安城市根崎町北根181
TEL 0566-92-0473
FAX 0563-56-2177
HP www.asaoka-engei.com

株式会社クレイ
CLAY

〒586-0021 大阪府河内長野市原町1-3-7
TEL 0721-53-1965
HP www.clay.co.jp

青木英郎
HIDEO AOKI

ガーデニング工房あおき
〒486-0947 愛知県春日井市知多町1-80
E-mail gogo@rainbow.plala.or.jp

「ガーデニング工房あおき」主宰。ガーデンデザイナー、あおき式園芸講師、園芸業経営アドバイザー。1951年7月24日生まれ。獅子座、血液型B型。陸上自衛隊勤務ののち、6年におよぶ苛烈な海外任務を経て帰国。企業に就職し、会社勤めをする。祖母や母の影響もあり、花や緑への関心を持ち、3鉢のサフィニアからスタートし、園芸にのめり込む。さらに、いけばな、フラワーアレンジメントの勉強のため、個人レッスンやスクールに通うなどして、集中的に技術を追求。園芸分野では、花壇、ウォールバスケットの各種コンテストで数多くの受賞歴あり。その後、設備・造園の仕事を経て、自宅に工房を構え、ガーデニングの指導を始める。近年は、プロ向けを重視し、全国に出向いて指導にあたっている。新幹線利用回数は、年間150回を超える。園芸店、ホームセンター等のコンサルタント業務も行なっている。以前は、独特の「徒弟制」による一年間限定の指導を行なっていたが、2016年から、取り組み姿勢や作品を確認した上で技術認定し、各自の活躍を後押ししている。「園芸指導者こそたくさんの花苗を購入し、自宅でも使う人であるべき」という持論のもと、花と植物とともに生きてきた。長い時間と試行錯誤を経て体系化した独自の園芸手法である「あおき式園芸手法」を、今も日々進化させている。著書に『寄せ植えギャザリングテクニックBOOK』『寄せ植えギャザリング・メソッド』(ともに、誠文堂新光社)がある。

撮影　佐々木智幸
デザイン　Takanashi design
編集　山口未和子

土を使わないプランツアート

あおき式園芸手法

2023年10月10日　発　行　　　　　　NDC793

監　　修　青木英郎
著　　者　あおき式園芸手法研究会
発 行 者　小川雄一
発 行 所　株式会社 誠文堂新光社
　　　　　〒113-0033 東京都文京区本郷3-3-11
　　　　　電話 03-5800-5780
　　　　　https://www.seibundo-shinkosha.net/
印刷・製本　図書印刷 株式会社

ISBN978-4-416-92358-0